MÉLANGES MILITAIRES
VII

ÉTUDE

SUR LES

RECONNAISSANCES

PAR

LE COMMANDANT PIERRON

PARIS
CH. TANERA, ÉDITEUR,
LIBRAIRIE POUR L'ART MILITAIRE ET LES SCIENCES
Rue de Savoie, 6

1873

ÉTUDE

SUR LES

RECONNAISSANCES

PUBLICATIONS DE LA RÉUNION DES OFFICIERS

ENTRETIENS MILITAIRES

CRÉATION DE MANUTENTIONS ROULANTES pour les quartiers généraux et les divisions en campagne, par M. BARATIER, sous-intendant militaire. — Brochure in-12........................... 1 fr.

DU SERVICE DES ÉTATS-MAJORS, par M. DERRÉCAGAIX, capitaine d'état-major. — Brochure in-12............................ 75 c.

DES COMPAGNIES DE PARTISANS, formation d'une compagnie de partisans dans chaque régiment de ligne, par M. GIRARD, capitaine au 91e rég. de ligne. — Brochure in-12................. 75 c.

DES SOUTIENS D'ARTILLERIE, par M. HERBINGER, capitaine adjudant-major au 101e rég. de ligne. — Brochure in-12.......... 75 c.

DU MATÉRIEL ET DE LA TACTIQUE DE L'ARTILLERIE DE CAMPAGNE, à propos des manœuvres d'automne de l'armée anglaise en 1872, par M. de GRANDRY, chef d'escadron d'artillerie. — Brochure in-12... 50 c.

LES NOUVELLES BOUCHES A FEU DE LA MARINE FRANÇAISE, par M. SEBERT, capit. d'artillerie de marine.—Brochure in-12 avec pl. 1 fr. 50 c.

DE LA TACTIQUE DE COMBAT ET DE L'EMPLOI DES TIRAILLEURS, par M. SACRESTE, lieutenant au 90e rég. de ligne. — Brochure in-12. 75 c.

DES SPÉCIALITÉS DANS L'INFANTERIE, par M. ISSALÈNE, capitaine au 67e rég. de ligne. — Brochure in-12........................ 1 fr.

ÉTUDE SUR LA CONVENTION DE GENÈVE, considérée dans ses principes et son application, par le docteur Jules ARNOULD, médecin-major de 1re classe. — Brochure in-12..................... 1 fr. 50 c.

LA COCHINCHINE FRANÇAISE, par M. BOVET, lieutenant-colonel du génie. — Brochure in-12 avec carte........................ 1 fr. 25 c.

DE L'ALCOOL considéré comme source de force et du parti que l'on peut en tirer dans la pratique de la guerre, par le docteur Jules ARNOULD, médecin-major de 1re classe. — Brochure in-12. 75 c.

SUR LE RÔLE DES PLACES FRANÇAISES DE L'EST PENDANT LA DERNIÈRE INVASION, par M. Ed. THIERS, capitaine du génie. — Brochure in-12 avec carte.. 1 fr. 50 c.

ÉTUDE

SUR LES

RECONNAISSANCES

PAR

LE COMMANDANT PIERRON

PARIS
CH. TANERA, ÉDITEUR,
LIBRAIRIE POUR L'ART MILITAIRE ET LES SCIENCES
Rue de Savoie, 6

1873

AVERTISSEMENT

Nous avions lu avant de faire campagne pendant de longues années aux zouaves un grand nombre d'ouvrages militaires didactiques : ils n'avaient laissé dans notre esprit que des notions assez confuses, et de peu d'utilité dans la pratique. Plus tard nous avons eu sous les yeux la correspondance des généraux, et les admirables documents manuscrits que renferment les Archives du Dépôt de la Guerre. Leur lecture nous a paru la plus instructive de toutes; car, au lieu de se passer dans un monde imaginaire, on voit les règles, les conseils, les exemples se présenter d'eux-mêmes à la suite de faits précis et vivants; souvent ces règles sont formulées par des autorités irréfutables. Nous avons tenu à citer, non-seulement les généraux français, mais encore les généraux étrangers qui se sont acquis une renommée incontestable; et il nous semble que quand les uns et les autres, quoique ennemis, sont d'accord pour préciser une règle, cette règle a acquis tout le degré de certitude qu'on peut espérer dans les choses de la guerre.

Le travail ci-après est un exemple de la méthode que nous venons d'exposer et que nous suivrons dans d'autres publications, en les accompagnant d'exemples historiques avec la narration du vaincu, celle du vainqueur, et les effectifs opposés.

ÉTUDE

SUR LES

RECONNAISSANCES [1]

Le règlement sur le service des armées en campagne donne d'excellents principes généraux à suivre dans les reconnaissances. On se bornera donc, dans cette étude, à insister sur les points les plus importants.

Sous peine de voir sa troupe coupée et enlevée, le commandant doit l'échelonner de manière à se ménager des points d'appui dans le cas où il serait ramené par des forces supérieures.

S'il n'a que de la cavalerie, il la disposera conformément aux indications ci-après :

« *Napoléon au maréchal Lannes.*

« Strasbourg, 4 vendémiaire, an XIV.

« Ordre au maréchal Lannes de séjourner demain 5 à Rastadt, de s'étendre s'il est nécessaire jusqu'à Baaden, et d'envoyer des reconnaissances de cavalerie jusqu'à Wildbad. Ces reconnaissances partiront avant le jour. On fera faire deux lieues par deux régiments, deux autres lieues par un régiment, une autre lieue par un escadron, une autre lieue par un piquet des mieux montés. »

Si le commandant de la reconnaissance dispose de quelque infanterie, il l'échelonnera aux ponts, aux défilés, ou à la lisière des bois, de manière à ce qu'elle puisse recueillir sa cavalerie aux moments critiques, et croiser ses feux sur la cavalerie ennemie.

[1] Extrait du *Bulletin de la Réunion des officiers*, n° 1, 6 janvier 1872.

Exemples :

Armée des Pyrénées - Orientales.

Ordre du jour du 2 juin 1793.

« L'adjudant général Mellinet prendra 25 gendarmes et 25 chasseurs à cheval. Il ira à la découverte de l'ennemi en prenant les précautions nécessaires pour ne pas se compromettre. Il placera une troupe de chasseurs à pied pas trop éloignée du camp, pour protéger sa retraite s'il était obligé de la faire et poursuivi. Ces chasseurs s'embusqueront.

« *Le général en chef,*

« FLERS. »

« *Le major-général Berthier au général Zayonchek.*

« Osterode, 12 mars 1807.

« Vous aurez soin d'envoyer des partis sur Passeinheim et sur Ortelsburg; mais vous n'enverrez pas moins de 250 chevaux, ayant un peu d'infanterie pour les soutenir en s'embusquant soit derrière un bois, soit derrière un défilé. »

Quand la reconnaissance est en marche, la cavalerie tient la tête en plaine. Dans ce cas l'infanterie doit marcher sur les côtés de la route. Cette précaution est essentielle; sinon, si la cavalerie de tête est ramenée bride abattue par des forces supérieures, elle passera sur le ventre de sa propre infanterie, ou tout au moins la mettra en désordre. D'ailleurs, en marchant sur le côté de la route, l'infanterie aura l'avantage de diriger son feu sur le flanc de l'ennemi; nous en avons vu un exemple au Mexique.

Si l'on n'a pas d'infanterie à adjoindre à la cavalerie légère, les dragons pourront en faire l'office, en mettant pied à terre, puisqu'ils sont exercés à combattre à pied.

Exemple :

« *Le maréchal Davoust au général Becker.*

« Pultusk, le 8 janvier 1807.

« Le général Marulaz demande de l'infanterie pour soutenir dans les reconnaissances le 1er de chasseurs à cheval, ce que je ferais si nous occupions Brock; mais ne pouvant hasarder de l'infanterie si loin, je désire que vous lui envoyiez une centaine de dragons qui peuvent, suivant les circonstances, remplacer l'infanterie. »

En visitant les Etats-Unis en 1867, les généraux américains nous ont dit qu'ils avaient constamment employé leur unique cavalerie de cette double façon : partie pied à terre le fusil à la main, partie à cheval le sabre ou le révolver au poing.

Il est clair que le gros de la troupe envoyée en reconnaissance ne doit jamais paraître sur une crête sans y avoir été précédé, assez longtemps à l'avance, par quelques éclaireurs, hommes intelligents et les mieux montés. Wellington employait d'ordinaire des officiers pour ce service de limiers. La citation suivante, empruntée au général anglais Sir William Napier, montre que nos soldats s'en acquittaient parfois avec une rare habileté :

« Après avoir échoué devant le fort de Burgos (1812), l'armée anglaise commença son mouvement rétrograde vers le Portugal. En arrivant derrière le Carrion, Wellington lui fit faire halte, dans l'intention de disputer aux armées françaises la ligne de cette rivière, alors grossie par les pluies. L'avant-garde française se présenta en force au village de Muriel juste au moment où les Anglais venaient de faire sauter le pont. L'explosion produisit son effet, détruisit le pont et força l'avant-garde française à s'arrêter. Tout à coup un cavalier s'en détache et se précipite à bride abattue vers le pont, malgré une grêle de balles dirigée sur lui : il crie à tue-tête qu'il est déserteur. Arrivé au bord du précipice produit par l'explosion, il arrête brusquement son cheval, gesticule et crie aux Anglais qu'il est un homme perdu, qu'on va l'attraper et le fusiller s'il ne peut passer; il les supplie du geste et de la voix de lui indiquer si l'on ne peut pas traverser près de là. Les soldats anglais en prennent pitié, et par compassion lui indiquent du doigt un sentier menant à un gué. Le dragon français fixe un instant son attention sur le point indiqué de manière à le bien reconnaître, puis tourne son cheval, fait aux Anglais un geste des plus indécents, et revient ventre à terre trouver son général, au milieu des balles et des éclats de rire des deux armées. Quelque temps après la colonne du général Maucune descendait vers le gué si ingénieusement découvert par le dragon, et traversait la rivière sous la protection de l'artillerie. »

Nous avons dit plus haut que si le commandant d'une troupe envoyée en reconnaissance n'a pas la précaution de laisser quelques échelons en arrière, il court risque d'être coupé et enlevé. Deux exemples intéressants vont le montrer :

« *Le général de division Ney au lieutenant-général Gouvion Saint-Cyr.*

« Roggenburg, le 5 prairial an VIII.

« Le rapport sur la reconnaissance que j'ai ordonné de pousser hier sur Neuburg m'est arrivé fort tard. Le chef de brigade Chalbos, du 8e régiment de chasseurs à cheval, qui en a été chargé, ayant déjà fait plus de 80 prisonniers, emporté par la trop grande vélocité de ses chasseurs, a donné dans une embuscade d'où il se retira d'abord avec une résignation digne de son courage ; mais 300 hussards autrichiens de Ferdinand, soutenus par un même nombre de cuirassiers de Mack, lui ayant coupé la retraite après l'avoir canonné, il a vainement traversé par trois fois les obstacles qu'il avait à franchir. Un marais ajouta encore au malheur que le défaut de précaution lui fit éprouver. Le chef de brigade Chalbos tomba au pouvoir de l'ennemi avec 4 officiers et 67 chasseurs, plus 40 hommes de la 54e demi-brigade.»

« *Le général de division Ney au lieutenant-général Grenier, commandant l'aile gauche.*

« Weissenhorn, le 28 prairial an VIII.

« De retour d'Oberhausen, je vous transmets avec peine, mon cher général, le résultat de la reconnaissance dirigée sur Leipheim.

« Le chef d'escadron Charpentier, commandant le 8e régiment de chasseurs, en a été chargé. Il avait un détachement de

150 hommes d'infanterie et 200 chasseurs. L'ennemi, qu'il venait de débusquer de Kissendorf, l'attendait dans la plaine; et malheureusement cet officier, quoique expérimenté, donna maladroitement dans le piége. L'infanterie était mal disposée : elle tomba toute au pouvoir de l'ennemi, plus 14 chasseurs.

« Voilà la seconde reconnaissance que je perds dans cette campagne par l'affreuse ineptie de ceux qui les dirigent. »

Quand on aura affaire à une nombreuse cavalerie, on fera bien de se conformer aux prescriptions suivantes, données par le major général Berthier au début de la campagne de Russie :

« Kowno, le 25 juin 1812.

« L'armée russe ayant une grande quantité de cavalerie légère, il faut bien se garder de faire des reconnaissances et de s'éclairer par de petites patrouilles de 50 hommes, si elles ne sont pas soutenues par échelons. Ces patrouilles seraient enlevées : cela diminuerait la confiance de nos troupes et en donnerait à l'ennemi.

« Si le pays est plaine rase et découvert, il faut au moins une brigade de 1,500 hommes de cavalerie : une pareille colonne en mouvement ne craint rien ; elle éclaire sans danger et tient un grand espace de pays; les troupes, bien échelonnées, se reploient les unes sur les autres.

« Si le pays est coupé, *il faut que la cavalerie soit soutenue par des compagnies de voltigeurs*. Notre cavalerie légère a trop d'ardeur : il faut la retenir et lui prescrire de marcher prudemment. L'empereur a été surpris que, dans la plupart des pays qu'il a parcourus, des patrouilles de troupes légères aient eu l'imprudence de s'avancer sans être soutenues. Il n'est pas encore arrivé de malheurs; mais ces malheurs se succéderaient bientôt de tous les côtés si l'on oubliait les principes exposés ci-dessus.

« On ne peut pas faire battre l'estrade par la cavalerie légère dans un pays coupé ; et le système de faire battre la campagne par de petits postes donne occasion au pillage et ne peut être d'aucun résultat contre un ennemi qui a une aussi grande quantité de cavalerie légère. Une reconnaissance de cavalerie a un but. On veut s'éclairer en avant et sur ses flancs; mais il faut le faire en envoyant de fortes colonnes. Si les Cosaques ne s'aperçoivent pas qu'une trentaine d'hommes est soutenue par 150, plus loin par 300, et ensuite par 1,000, ils tomberont dans des piéges, et notre cavalerie leur inspirera bientôt la terreur. Si l'on n'a que de petits détachements, ils les enlèveront. »

Le commandant doit avoir soin de s'emparer, dans toutes les localités ennemies qu'il traverse, des cartes topographiques et des lettres déposées au bureau de poste. La lecture de ces lettres donne quelquefois des renseignements fort précieux. Ainsi M. le lieutenant-général von Kirchbach, qui en 1866 commandait une division dans le 5e corps d'armée prussien, dit dans sa relation :

« Le 8 juillet, un ordre du général en chef prescrivit au 5e corps de se porter sur Sloupnitz, et d'abandonner la route de Brünn, pour gagner celle d'Olmutz, parce que des lettres surprises à la poste de Cerekwitz révélaient que la plus grande partie de l'armée autrichienne battait en retraite sur Olmutz, et non sur Brünn. »

Pour s'assurer que les reconnaissances ont reconnu les localités qu'elles devaient fouiller, on peut employer le moyen ci-après :

« *Le général Thouvenot au major général.*

« Wurzburg, le 15 octobre 1806.

« Les patrouilles prussiennes font ordinairement de six à dix lieues, et se font donner des certificats de comparution dans chaque endroit. »

En rentrant, l'officier qui a été chargé d'une reconnaissance fera bien, pour rédiger son rapport, de se guider sur l'ordre ci-après :

« Au quartier général de l'armée anglaise,
à Villa Formosa, le 7 mai 1811.

« Chaque fois qu'un officier rendra compte des mouvements de l'ennemi, le général en chef lui recommande de bien spécifier si c'est de la cavalerie, de l'infanterie ou de l'artillerie; le nombre, autant qu'il a pu en juger; d'où venait l'ennemi et vers où il se dirigeait, à quel moment et sur quelle route. Quand, dans le rapport, on parlera d'aile droite ou d'aile gauche, il faudra préciser si c'est de la droite de notre armée ou de la droite de l'armée ennemie dont on entend parler.

WELLINGTON. »

Le maréchal Bernadotte exigeait la même précision. Voici un ordre du jour donné à son corps d'armée :

« Reichertswalde, le 8 février 1807.

« Le prince de Ponte-Corvo est instruit que plusieurs colonels, en envoyant des reconnaissances, n'ont point donné des instructions assez précises aux officiers ou sous-officiers qui les commandaient; et il en est résulté que ceux-ci n'ont apporté que des renseignements insignifiants.

« Son Altesse ordonne que les officiers, ou sous-officiers, qui seront envoyés en reconnaissance, pour savoir des nouvelles de l'ennemi, indiquent, dans leur rapport, le nom des villages par lesquels ils passent; ce qu'ils ont appris sur le nombre des troupes ennemies qui y étaient, sur l'époque où elles en sont parties, sur la direction qu'elles ont prises..., etc. S'ils sont envoyés en reconnaissance pour communiquer avec des troupes françaises, ils devront également désigner de quelle arme elles sont, et à quel corps d'armée elles appartiennent.

« *Le général chef de l'état-major,*

« MAISON. »

Il serait facile de multiplier ces citations; mais nous croyons que les précédentes suffisent pour mettre en lumière les points principaux que ne doit pas perdre de vue le commandant d'une troupe envoyée en reconnaissance.

Nous terminerons par quelques observations très-ingénieuses du général américain Butler, sur la propension naturelle qu'on a d'exagérer le nombre des forces ennemies quand on est chargé de les reconnaître. Il s'exprime ainsi :

« J'attribue notre défaite, lors de notre reconnaissance sur Great Bethel, en juin 1861, d'abord à la fâcheuse méprise qui eut lieu avant l'aube et fut cause que nos troupes tirèrent les unes sur les autres ; en second lieu, au défaut d'énergie dans l'attaque, défaut provenant de la crainte qu'éprouvaient nos gens à la pensée qu'au lieu de 600 hommes, c'étaient 6,000 qui étaient devant eux avec 20 pièces de canon. Je n'ai pas été enclin à rejeter toute la faute sur l'officier chargé de l'opération, parce que ce n'était pas lui le plus effrayé. Chacun de ses subordonnés, en rentrant le soir au camp, prétendait que l'ennemi était fort de 4,000 à 5,000 hommes retranchés dans une forte position. La vérité, comme nous l'avons constaté depuis, est que les parapets avaient au plus 3 pieds de haut, et d'ailleurs nos hommes ne pouvaient apercevoir exactement ce qui était derrière. Malheureusement nos soldats avaient interrogé tout le long de la route les femmes et les nègres habitant les maisons sur leur passage, et leur avaient demandé combien ils trouveraient de sécessionnistes à Great Bethel ; or, je sais par expérience que les habitants exagèrent toujours le chiffre réel du quadruple au sextuple.

« Lorsque j'avais le commandement des troupes postées à Relay-House, je fus alarmé par le chiffre considérable qu'on attribuait au nombre de troupes sécessionnistes occupant Harper's Ferry. On m'affirmait qu'il y avait là un corps très-nombreux. J'eus sous les yeux bon nombre de rapports : dans les uns, on estimait sa force à 8,000 ou 9,000 hommes ; dans d'autres on la portait jusqu'à 15,000. Je profitai d'une occasion pour envoyer un espion à Harper's Ferry. Je n'ignorais pas qu'il ne pouvait guère estimer en bloc le nombre des troupes ennemies avec exactitude. A moins d'être familier avec les détails de l'organisation militaire, cet espion devait s'imaginer qu'un régiment comprend, chez nous ou chez nos adversaires, de 3,000 à 4.000 hommes; car il n'y a pas d'individu qui puisse à première vue, dire le chiffre d'une troupe un peu considérable avec assez de justesse, à moins d'une longue habitude. Je m'y pris donc autrement. Je dis à mon espion, si l'ennemi était campé, de noter la capacité d'une tente et de compter leur nombre; s'il était cantonné, de noter la dimension moyenne des bâtiments occupés et leur nombre. Il me rapporta le nombre des tentes, disant que les troupes étaient presque toutes campées. Je fis le calcul sur cette base, et, en admettant pour chaque tente le nombre d'hommes maximum qu'elle peut contenir, j'arrivai au chiffre de 1,800 à 2,000 hommes.

« Revenons à l'affaire de Great Bethel. Il est avéré aujourd'hui pour tout le monde que les retranchements des sécessionnistes n'étaient défendus que par 600 hommes et 4 pièces de canon.

« Je pourrais cependant reproduire un rapport d'un de mes colonels qui prétendait avoir vu de ses propres yeux 1,200 hommes sortir des retranchements et marcher sur lui avec 4 pièces de canon. Eh bien, ce qu'il vit était simplement ceci : 2 compagnies d'une de nos colonnes avaient été détachées sur son flanc; un ravin bordé d'arbres les séparait de lui. Lorsqu'on approcha de la batterie ennemie, ces 2 compagnies se démasquèrent. Le colonel, ignorant que c'était un détachement de nos propres troupes, supposa que l'ennemi cherchait à déborder son flanc et ordonna aussitôt la retraite.

« C'est donc une vérité reconnue qu'un œil peu exercé commet les plus grossières erreurs en voulant évaluer en bloc et du premier coup le nombre de l'ennemi. Cependant un simple calcul peut en préserver. Ainsi je ferai observer que 5,000 hommes coude à coude occupent un front d'au moins 1 kilomètre et demi. Or, il faut se rappeler que les bataillons laissent toujours entre eux un intervalle réglementaire d'au moins 22 pas; l'artillerie, la cavalerie prennent un espace triple, à nombre égal, de celui de l'infanterie; de sorte qu'un corps de

5,000 hommes, composé des différentes armes, a besoin, pour se déployer, d'un front de 3 kilomètres et demi ou 4 kilomètres au moins.

« Il faut de plus se rappeler que la vue humaine a un champ limité. Si, placé à l'arrière du dernier wagon d'un train de chemin de fer, dont le tracé est en ligne droite, un voyageur regarde la voie qu'il laisse derrière lui, il remarquera que la perspective des deux lignes de rails va aboutir bientôt à un point unique, situé à un kilomètre environ en avant de lui. C'est la limite de la vision nette. L'espace entre les rails est de 4 pieds et demi. Appliquez maintenant ces règles de la perspective naturelle à un corps de troupes déployé en ligne, et vous verrez qu'elles ne sauraient varier. Au-delà d'un kilomètre on ne peut plus guère compter de soldats sur un sol horizontal ; de sorte que, en terrain plat, un homme n'a jamais pu voir à la fois 5,000 hommes déployés en ligne. »

Evreux, A. Hérissey, imp. — 1073.

EN VENTE A LA MÊME LIBRAIRIE.

Evreux, A. Hérissey, Imp. — 1078

www.ingramcontent.com/pod-product-compliance
Ingram Content Group UK Ltd.
Pitfield, Milton Keynes, MK11 3LW, UK
UKHW021119290826
14628UKWH00014B/3104

9 782011 905390